ALCANZANDO LAS ESTRELLAS

INVESTIGANDO
MISTERIOS
ESPACIALES

Mike Downs
Traducción de
Santiago Ochoa

CONEXIONES de la ESCUELA a la CASA
de ROURKE

ANTES Y DURANTE LAS ACTIVIDADES DE LECTURA

Antes de leer: *Construir los conocimientos previos y el vocabulario*

Los conocimientos previos pueden ayudar a los estudiantes a procesar nueva información y a basarse en lo que ya saben. Antes de leer un libro, es importante aprovechar lo que los estudiantes ya saben sobre el tema. Esto los ayudará a desarrollar su vocabulario y a aumentar su comprensión lectora.

Preguntas y actividades para reforzar los conocimientos previos:

1. Mira la portada del libro y lee el título. ¿De qué crees que tratará este libro?
2. ¿Qué sabes ya sobre este tema?
3. Recorre el libro y hojea las páginas. Mira el índice, las fotografías, los pies de foto y las palabras en negrita. ¿Te han dado estas características del texto alguna información o algún adelanto sobre lo que vas a leer en este libro?

Vocabulario: *El vocabulario es clave para la comprensión lectora*

Utilice las siguientes instrucciones para iniciar una conversación sobre cada palabra.

- Lee las palabras del vocabulario.
- ¿Qué se te viene a la mente cuando ves cada palabra?
- ¿Qué crees que significa cada palabra?

Palabras del vocabulario:
- años luz
- horizonte de sucesos
- infrarrojos
- materia ordinaria
- ópticos
- planetas enanos

Durante la lectura: *Leer para entender y comprender*

Para lograr una comprensión profunda de un libro, se anima a los estudiantes a utilizar estrategias de lectura detallada. Durante la lectura, es importante que los estudiantes hagan una pausa y creen conexiones. Estas conexiones dan lugar a un análisis y una comprensión más profundos del libro.

 ### Lectura detallada de un texto

Durante la lectura, pida a los estudiantes que hagan una pausa para hablar de los siguientes aspectos:

- Las partes confusas.
- Las palabras desconocidas.
- Las conexiones dentro del texto, entre el texto y uno mismo y entre el texto y el mundo.
- La idea principal de cada capítulo o título.

Anime a los estudiantes a utilizar pistas contextuales para determinar el significado de las palabras desconocidas. Estas estrategias ayudarán a los estudiantes a aprender a analizar el texto con más detenimiento mientras leen.

Cuando termine de leer este libro, vaya a la penúltima página, donde encontrará las **Preguntas después de la lectura** y una **Actividad**.

ÍNDICE

Espacio misterioso 4

Las cosas asombrosas que no vemos 12

¿Dónde están los extraterrestres? 18

¡El tamaño de nuestra búsqueda! 24

Nuestra propia galaxia 30

Índice analítico 31

Preguntas después de la lectura 31

Actividad 31

Sobre el autor 32

ESPACIO MISTERIOSO

Mira el cielo en una noche oscura y sin Luna. Verás planetas y estrellas. Puedes detectar satélites que pasan zumbando. ¡Tal vez incluso veas la Estación Espacial Internacional!

Nuestra galaxia, la Vía Láctea, parece un río de estrellas. Otras tres galaxias también se ven a simple vista: la galaxia de Andrómeda, la Gran Nube de Magallanes y la Pequeña Nube de Magallanes. Como puedes imaginar, ¡las dos últimas galaxias parecen nubes! Pero para descubrir los misterios del espacio, necesitamos ver mucho más. Para ello utilizamos telescopios.

La nebulosa Cabeza de Caballo

Una nebulosa es un área donde el gas, el polvo y otras materias se acumulan y pueden volverse lo bastante densas como para formar estrellas.

El primer registro de un telescopio proviene de los Países Bajos en 1608. Galileo utilizó uno para descubrir cuatro lunas alrededor de Júpiter. ¡Ahora sabemos que Júpiter tiene al menos 79 lunas!

Después de utilizar nuevos y potentes telescopios, los astrónomos han descubierto asteroides, cometas y **planetas enanos**. También observaron que Plutón no era como otros planetas. En 2006, el pobre Plutón perdió su lugar como noveno planeta del sistema solar. Ahora se considera uno de los varios planetas enanos que orbitan alrededor del sol.

planetas enanos: Cuerpos celestes redondos o mayormente redondos que orbitan alrededor del sol. No son lunas y no tienen suficiente gravedad para ser planetas de tamaño completo.

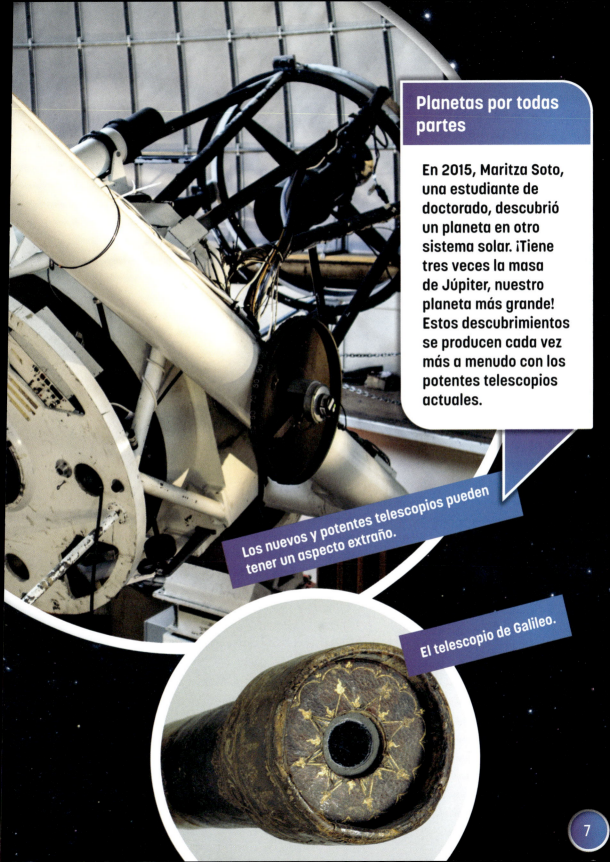

Planetas por todas partes

En 2015, Maritza Soto, una estudiante de doctorado, descubrió un planeta en otro sistema solar. ¡Tiene tres veces la masa de Júpiter, nuestro planeta más grande! Estos descubrimientos se producen cada vez más a menudo con los potentes telescopios actuales.

Los nuevos y potentes telescopios pueden tener un aspecto extraño.

El telescopio de Galileo.

Los telescopios han ayudado a los astrónomos a realizar descubrimientos increíbles. El poderoso telescopio espacial Hubble detectó miles de nuevas galaxias durante sus misiones. Pero los telescopios no muestran una imagen exacta. Algunas galaxias lejanas se ven deformes y torcidas. La enorme gravedad de un agujero negro u otra galaxia puede desviar la luz que viene desde atrás. Esto se llama lente gravitatoria.

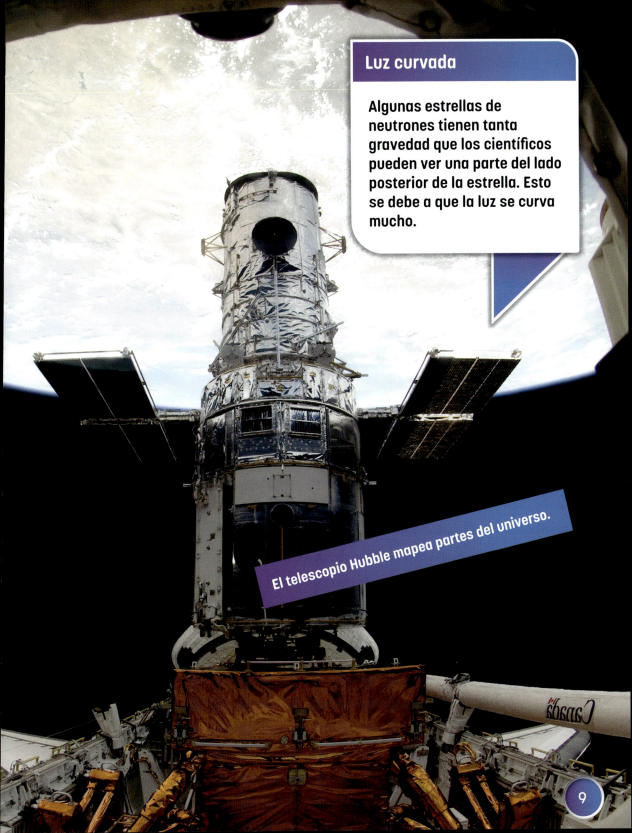

Luz curvada

Algunas estrellas de neutrones tienen tanta gravedad que los científicos pueden ver una parte del lado posterior de la estrella. Esto se debe a que la luz se curva mucho.

El telescopio Hubble mapea partes del universo.

Los agujeros negros tienen tanta gravedad que la luz cercana no puede escapar. Su nombre también es un poco engañoso. Los agujeros negros no son realmente agujeros, sino objetos con supergravedad.

Los científicos creen que la Vía Láctea tiene millones de agujeros negros estelares. Los agujeros negros estelares se forman cuando las estrellas explotan. Los agujeros negros supermasivos son millones de veces más grandes. La mayoría de las galaxias giran alrededor de agujeros negros supermasivos.

En 2019, la investigadora Katie Bouman formó parte de un equipo que creó un algoritmo, o método paso a paso para resolver un problema, que nos permitió ver la primera imagen de un agujero negro real.

horizonte de sucesos: El límite de un agujero negro del que nada puede escapar más allá.

Algunas galaxias rodean este agujero negro supermasivo.

¡No te acerques mucho!

El borde de un agujero negro se llama **horizonte de sucesos**. La gravedad del agujero negro absorberá cualquier cosa que se acerque mucho al horizonte de sucesos.

LAS COSAS ASOMBROSAS QUE NO VEMOS

La vista no es la única forma de estudiar el universo. Los científicos también estudian la energía de las ondas de radio y las microondas que emite nuestro universo. En 1992, un radiotelescopio descubrió los primeros planetas por fuera de nuestro sistema solar, o exoplanetas. Hasta la fecha, hemos descubierto más de 4,000 exoplanetas luego de utilizar muchos tipos diferentes de telescopios. En 2015, los científicos detectaron ondas gravitacionales de dos agujeros negros que chocaban entre sí. Choques enormes como ese envían ondas invisibles de gravedad que se propagan por el espacio.

Una larga espera

En 1916, Einstein predijo que existían ondas de gravedad. Algunos científicos no le creyeron. Pasaron casi 100 años antes de que detectáramos las primeras ondas gravitacionales para demostrar que él tenía razón.

Al mirar el cielo nocturno, vemos estrellas, planetas y galaxias. Están hechas de **materia ordinaria**, al igual que los humanos. Pero el universo está compuesto principalmente de cosas que no podemos ver. El vacío del espacio está lleno de materia y de energía oscuras. Lo sabemos porque podemos medir su gravedad y la energía de sus microondas. Los científicos creen que sólo podemos ver alrededor del cuatro por ciento del universo. ¡Eso significa que la mayor parte del peso del universo es invisible!

materia ordinaria: La combinación de protones, neutrones y electrones que forman el universo visible.

La Galaxia de Fuegos Artificiales tuvo 10 supernovas en el último siglo.

Los telescopios **infrarrojos** nos permiten ver mejor el universo. Detectan el calor que desprenden los objetos. El telescopio espacial infrarrojo Spitzer descubrió un enorme anillo de polvo alrededor de Saturno que no podía verse con los telescopios **ópticos**. Este anillo, llamado Febe, rodea el planeta a millones de millas de distancia. Está muy lejos de los anillos que podemos ver. El telescopio espacial Spitzer también descubrió estrellas que daban vueltas alrededor del agujero negro supermasivo en el centro de la Vía Láctea.

infrarrojos: Que están más allá del extremo rojo de su espectro visible.

ópticos: Relacionados con la visión.

El telescopio espacial Spitzer fue lanzado en 2003.

El anillo de polvo Febe.

17

¿DÓNDE ESTÁN LOS EXTRATERRESTRES?

¡Los extraterrestres están por todas partes! Bueno, al menos en las novelas y películas de ciencia ficción. Aún no hemos encontrado extraterrestres, ¡pero lo estamos intentando! Una forma en que los científicos intentan encontrar vida extraterrestre es buscando agua en los planetas y en las lunas. En el agua podrían vivir pequeños organismos. ¡Descubrir la primera forma de vida extraterrestre fuera de la Tierra, incluso un organismo diminuto, sería lo más emocionante de tu vida! Pero no tanto como ver a un extraterrestre saludándote con sus tentáculos.

Buscando desconocidos

Rosalba Bonaccorsi, del Instituto de Búsqueda de Inteligencia Extraterrestre (SETI, por sus siglas en inglés), quiere identificar zonas en los planetas donde podría haber vida. El instituto SETI también busca señales de radio y destellos láser de otros planetas.

Los radiotelescopios buscan señales extraterrestres.

¿Qué pasa con los objetos voladores no identificados (OVNIs) que ve la gente? ¿Son esos OVNIs platillos voladores o naves extraterrestres?

No, no son nada de eso. ¡Pero mucha gente ve OVNIs! La mayoría de los OVNIs son en realidad globos, bengalas, cohetes, meteoritos, drones o experimentos militares. Venus también tiene que ver con esto. Su luz brillante y parpadeante puede hacer que parezca estar a sólo pocas millas, y no a varios millones de millas, como sucede realmente.

Estas nubes lenticulares podrían ser confundidas con OVNIs.

Si los extraterrestres fueran similares a nosotros, querrían vivir en planetas como la Tierra. Nuestro sistema solar contiene tres tipos de planetas. Hay planetas rocosos (como la Tierra y Marte), gigantes de hielo (como Urano y Neptuno) y gigantes gaseosos (como Júpiter y Saturno).

Los planetas rocosos están formados por rocas y metales. Los gigantes de hielo son planetas enormes formados por elementos pesados, como azufre, nitrógeno, carbono y oxígeno. Los gigantes gaseosos contienen básicamente gases, como helio e hidrógeno, y no tienen ningún tipo de suelo. Un cohete se hundiría en el centro de un gigante gaseoso. ¡No querrás ser voluntario para un viaje como *ese*!

Júpiter es un gigante gaseoso, el quinto planeta desde el Sol y el más grande de nuestro sistema solar.

¡EL TAMAÑO DE NUESTRA BÚSQUEDA!

Nuestro universo es tan grande que su dimensión es casi imposible de entender. El cohete más rápido que jamás podríamos construir alcanzaría casi la velocidad de la luz. A esa velocidad, se necesitarían unos 4.3 años para llegar a Alfa Centauri, el sistema estelar más cercano. Los cohetes actuales no pueden ir tan rápido. El cohete más rápido lanzado hasta la fecha tardaría unos 6,850 años en llegar.

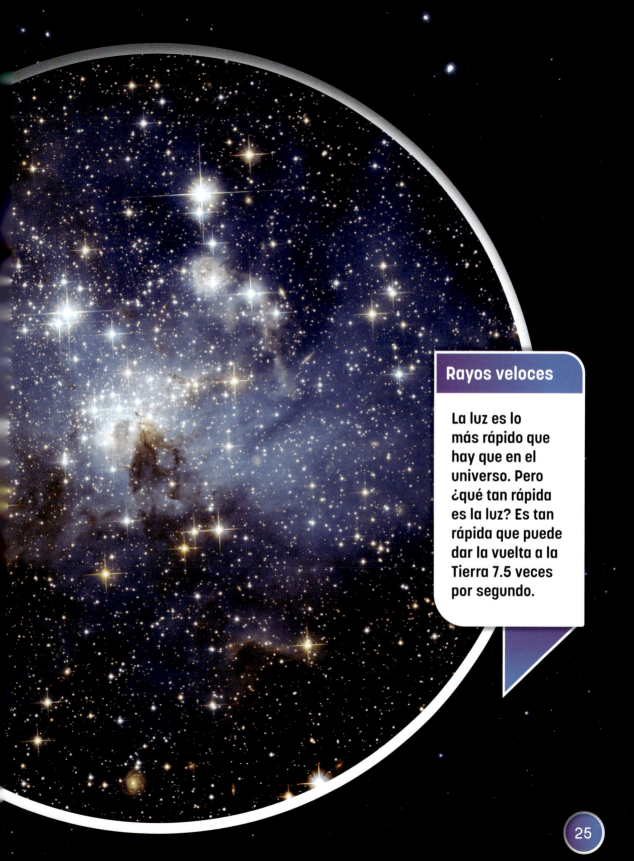

Rayos veloces

La luz es lo más rápido que hay que en el universo. Pero ¿qué tan rápida es la luz? Es tan rápida que puede dar la vuelta a la Tierra 7.5 veces por segundo.

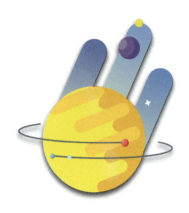

Alfa Centauri contiene las estrellas más cercanas de la Vía Láctea. La Vía Láctea en sí es sólo una pequeña mancha en el universo, e investigaciones recientes muestran que podría medir 200,000 **años luz** de diámetro. Posiblemente existan entre 100 y 200 mil millones de galaxias. Cada galaxia está repleta de misterio y de cosas desconocidas. Para ver esos misterios de primera mano, tendremos que encontrar una manera de viajar a una velocidad más rápida que la luz.

años luz: Unidades de longitud en astronomía iguales a la distancia que recorre la luz en un año.

En movimiento

Un agujero de gusano que conectara una parte del universo con otra es posible, en teoría. Por desgracia, probablemente se autodestruiría si se usara. Es probable que los científicos quieran trabajar en ese problema antes de viajar a uno de esos agujeros.

Por ahora, incluso con todos nuestros telescopios, cohetes y sondas espaciales, sólo podemos estudiar una pequeña parte del espacio exterior. Piensa en ello como si intentaras hacer un dibujo de la ciudad de Nueva York mientras miras a través de un popote o pitillo. Cada vez que mueves el popote, ves algo nuevo y emocionante.

Lo mismo ocurre con nuestro universo. Con cada avance de la tecnología, los científicos hacen descubrimientos fascinantes y las teorías cambian. Se descubren nuevos planetas, estrellas, nebulosas y galaxias. Pero todavía quedan millones de descubrimientos por hacer e innumerables misterios por resolver. ¿Qué secretos sorprendentes descubrirás?

29

Nuestra propia galaxia

Este mapa de nuestro sistema solar muestra los planetas, el cinturón de asteroides y Plutón. Están pegados el uno al otro para que todos puedan verse. En un mapa con la escala adecuada, si el Sol tuviera menos de ½ pulgada de diámetro, la órbita de Neptuno estaría aproximadamente a una distancia de un campo de fútbol.

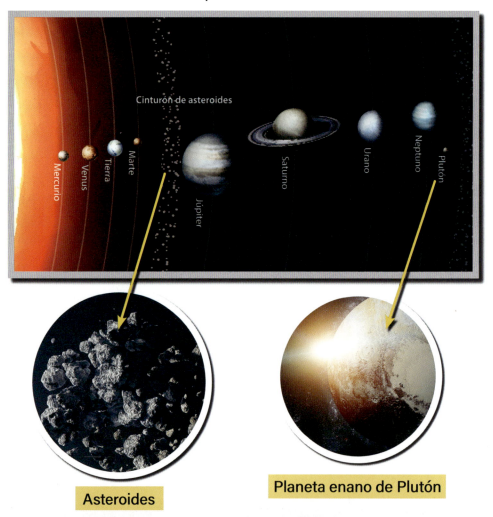

Asteroides

Planeta enano de Plutón

Índice analítico

agujero de gusano: 27
agujero(s) negro(s): 8, 10, 11, 12, 16
extraterrestre(s): 18, 19, 20, 22
gigante(s) gaseoso(s): 22, 23
lente gravitatoria: 8
nebulosa(s): 5, 28
Plutón: 6, 30
telescopio(s): 4, 6, 7, 8, 9, 12, 16, 17, 19, 28

Preguntas después de la lectura

1. ¿Qué galaxias podemos ver sin usar un telescopio?
2. ¿Qué le pasó a Plutón en 2006?
3. ¿Qué le sucede a la luz cuando pasa cerca de un objeto con gravedad masiva? ¿Cómo se llama eso?
4. ¿Qué hace el instituto SETI? ¿Qué métodos utiliza para investigar?
5. Menciona algunos objetos comunes que las personas describan como OVNIs.

Actividad

Hay tres tipos principales de planetas: planetas rocosos, gigantes gaseosos y gigantes de hielo. Dibuja estos tres tipos de planetas. A continuación, piensa qué tipo de extraterrestre podría vivir en cada planeta. Haz un dibujo de cada extraterrestre cerca de su planeta de origen.

Sobre el autor

A Mike Downs le gusta escribir libros para lectores jóvenes. Sobre todo, disfruta escribir sobre el espacio exterior. Si alguna vez tiene la oportunidad de viajar en un cohete, ¡lo hará! Mientras tanto, tendrá que escribir desde el escritorio de su casa.

© 2025 Rourke Educational Media

All rights reserved. No part of this book may be reproduced or utilized in any form or by any means, electronic or mechanical including photocopying, recording, or by any information storage and retrieval system without permission in writing from the publisher.

www.rourkebooks.com

PHOTO CREDITS: Cover, pages 4-8, 10-16, 18, 20, 22-24, 26-28, 30, 31: ©Cappan/ Getty Images; cover: ©KTSDesign/SCIENCEPHOTOLIBRARY/Newscom; cover, 1, 3, 6, 8, 14, 16, 18, 20, 24, 26: ©LineTale/ Shutterstock.com; pages 4-5: ©Udo Kieslich; page 5: ©DeepSkyTXI; pages 6- 7: ©Daniel Oberhaus/ Licensed under Creative Commons Attribution-Share Alike 4.0 International; page 7: ©Fine Art Images Heritage Images/Newscom; pages 8-9: ©Stocktrek Images/ Getty Images; pages10-11: ©NASA/ZUMA Press/Newscom; page 11: ©Elena11/ Shutterstock.com; pages 12-13: ©Mytida/ Shutterstock.com; pages 14-15: ©ESA/ Hubble & NASA, A. Leroy, K.S. Long; page 15: ©NASA/JPL-Caltech; pages 14-15: ©Vladi333/ Shutterstock.com; pages 14-15: ©NASA/JPL-Caltech/Keck; pages 18-19: ©Paulo Afonso/ Shutterstock.com; pages 20-21: ©Dmitry Dubikovskiy/ZUMA Press/Newscom; pages 22-23: ©NASA/JPL-Caltech/SwRI/MSSS/Kevin M. Gill; page 23: ©SiberianArt/ Getty Images; pages 24-25: ©NASA/ESA/UPI/Newscom; pages 26-27: ©Rost9/ Shutterstock.com; pages 28-29: ©Cylonphoto/ Getty Images page 29: ©Alexyz3d/ Getty Images; page 30: ©Zonda/ Shutterstock.com; page 30: ©Jurik Peter/ Shutterstock.com; page 30: ©Irina Dmitrienko/Newscom

Edición de: Jennifer Doyle
Diseño de los interiores y la portada de: Alison Tracey
Traducción al español: Santiago Ochoa
Edición en español: Base Tres

Library of Congress PCN Data

Investigando misterios espaciales / Mike Downs
(Alcanzando las estrellas)
ISBN 978-1-73165-879-1 (hard cover)
ISBN 978-1-73165-878-4 (soft cover)
ISBN 978-1-73165-880-7 (e-book)
ISBN 978-1-73165-881-4 (e-pub)
Library of Congress Control Number: 2024947724

Rourke Educational Media
Printed in the United States of America
01-0342511937